Anja Welsch

Wenn Augenblicke Namen tragen

Gedichte von der Liebe, vom Leben und vom Sein

tao.de

Autor: Anja Welsch

Verlag: Kamphausen Media GmbH, Goldbach 2, 33615 Bielefeld,
www.tao.de
Herstellung: tredition GmbH, Halenreie 40-44, 22359 Hamburg

Bibliographische Information der Deutschen Nationalbibliothek: Die Deutsche Nationalbibliothek verzeichnet diese Publikation in der Deutschen Nationalbibliographie; detaillierte bibliographische Daten sind im Internet über http://dnb.de abrufbar.

ISBN
Paperback: 978-3-96240-280-8
Hardcover: 978-3-96240-281-5
e-Book: 978-3-96240-282-2

Für Annabelle, das ZAUBERhafteste Geschenk

in meinem Leben

Inhalt

1. Wenn Augenblicke Namen tragen
2. Alles als Eins
3. Der Sinn
4. Möge dieser Zauber niemals enden
5. Egal, wo Du bist
6. Heimat
7. Alle Zellen
8. Fluss des Lebens
9. Das Sein zieht als Wolke vorbei
10. Lausche dem Flüstern deiner Seele
11. Und mein Herz pulsiert zu deiner Seele hin
12. Die Frau des friedvollen Kriegers
13. Lass uns das Leben tanzen
14. Dich lieben
15. Du bist elementar für mich
16. Manchmal
17. Wanderer
18. Alles ist zu jeder Zeit
19. Es ist
20. Träume

21. Der Schatten
22. Die Liebe
23. Frühling
24. Das Licht und der Schatten
25. Meine Ergänzung
26. Lass dir nicht einreden
27. Das Glück
28. Morgenstunde
29. Meditation
30. Tanz des Lebens
31. Wenn Vertrautes stirbt
32. Ich bin
33. Nach Hause gegangen
34. Leben
35. Die Anatomie der Liebe
36. Ganzheit
37. Niemand
38. Neues
39. Seeleneingetaucht
40. Polarität
41. Lebenspuzzle

42. In deinen Armen

43. Von der gleichen Sonne

44. Herzgartengärtner

45. Flieg

46. Die Poesie der Stille

47. Annehmen

48. Alles ist zu jeder Zeit

49. Freude

50. Gefühle

51. Feuer

52. Komm

53. Leben ist sein

54. Lebendig

55. Unsere Liebe

56. Traum und Wirklichkeit

57. Stille

58. Seelental

59. Träume

60. Wenn ich deine Liebe greifen könnte

61. Musik

62. Wunder geschehen

63. Verpasst

64. Zu spät

65. Sonnenaufgang

66. Und du atmest die Zeit

67. Das Leben bietet jede Möglichkeit

68. Du bist für mich

69. Auf den Spuren der Liebe

70. So vollständig ist die Liebe

71. Die Liebe, das Leben und das Sein

72. Herzuntergangsstimmung

73. Kleiner Sternensammler

74. Wenn du glaubst

75. Pflastersteinwege

76. Wie ein Sonnenstrahl

77. Seelentautropfensammler

78. Klimawandel

79. Staunen

80. Herzstarkregenschauer

81. Es ist

82. Du bist wie ein Haus

83. Deine Liebe

84. Anker

85. In deinen Armen

Wenn Augenblicke Namen tragen

Meine großen Zukunftspläne,
blies das Leben einfach fort.
Zerstäubte sie wie Sägespäne
an einen unbekannten Ort.

Ich dachte, alles sei zu steuern,
wiegte mich in Sicherheit.
Doch mein Sein wollt‘ sich erneuern,
schenkte mir Erfahrungszeit.

Schälte mir von Herz und Seele
Schicht um Schicht verdrängtes Gut,
zeigte mir, was mir noch fehle:
Neugier, Fühlen, Lieben, Mut.

Lächelnd zeigte mir der Morgen,
Fehler, die begangen sind.
Wischte sie mir von der Schulter,
wie ein Staubkorn in den Wind.

Wenn Augenblicke Namen tragen,
wie Liebe, Lust und Leidenschaft.
Wenn Träume sich ins Leben wagen,
dann spürt die Seele ihre Kraft!

Alles als Eins

Wenn die Seele schwingt,
erklingt die Musik allen Seins.
Wenn der Geist ruht,
hörst du die Sprache des Universums.
Wenn Du Alles als Eins fühlen kannst,
erhellt dich das Licht der Liebe.

Der Sinn

Es stellt sich die ewige Frage: Worin?
Liegt der Sinn?

Willst Du das Leben wirklich verstehen,
musst du statt der Form den Inhalt sehen.
Statt analysieren und rhetorisch brillieren,
lass im Inneren den Seelenschlag pulsieren.

Dein irdisches Sein ist ein Wimpernschlag lang,
ein kleiner Ton in des Weltengrundes Klang.
Und all unsere Töne sind der Erde Melodie -
die unendliche Verbundenheit verliert sich nie.

Du suchst im Außen, doch nur in dir findest du Ruh,
und das Gastgeschenk an diese Erde bist du.
Und es stellt sich die Frage: Worin
Liegt der Sinn?
Im Sein, überall und doch tief in Dir drin.

Möge dieser Zauber niemals enden

Möge dieser Zauber niemals enden,
dass nichts unser Sein beengt,
wenn wir uns an uns verschwenden,
nur dies' Fühlen, das uns drängt.

Mögen diese besonderen Zeiten,
die ungefragt die Seelen beschenken,
uns niemals aus den Händen gleiten
- zerstreuen Zweifel und Bedenken.

Möge dieses ungesuchte Finden
uns tragen zur Unendlichkeit,
und uns nur die Freiheit binden,
jenseits stets von Raum und Zeit.

Möge dies kraftvolle Führen
staunend lang erhalten bleiben,
und uns liebend einfach spüren
uns ohne Ziel durchs Leben treiben.

Möge dieses Staunen zeitlos werden
und uns nie verloren gehen,
diese Neugier auf uns niemals sterben
und jeden Morgen mit uns neu aufsteh'n.

Egal, wo Du bist

Egal, wo Du bist, egal was du tust.
Mein Herz atmet im Gleichklang mit dem Deinen,
meine Sehnsucht schwebt in Deine Zellen,
und meine Freude tanzt gedanken-los in Dein Sein.
Meine Augen blicken in Deine wunderschöne Seele,
meine Gefühle malen Wellen im See der Liebe,
und meine Zärtlichkeit breitet sich unendlich in Dir aus.
Egal, wo Du bist, egal was Du tust.
Ich bin bei Dir.

Heimat

Wo unsere Herzen sich begegnen
bekommt Heimat für mich einen Sinn.
Deine Wärme, Deine hingebungsvolle Tiefe
führen mich so gelassen zum „ich bin".

Ungläubig verfolge ich wie
du meine Unzulänglichkeiten nimmst,
mit deiner unermesslichen Liebe
Farbe in mein Leben bringst.

Mögen die alltäglichen Gewohnheiten
unseren Zauber niemals vertreiben.
Mögen wir Frau und Mann gemeinsam
immer die staunenden Kinder bleiben.

Und wenn du fällst, dann falle ich mit
und gemeinsam stehen wir auf.
Lass und Hand in Hand ein Teil sein
vom ewigen Weltenlauf.

Alle Zellen

Alle Zellen jubilieren,
jede Faser noch so klein,
freut sich, tanzt den Tanz des Lebens,
spiegelt wieder,
Glanz des Glückes meines Seins.

Alle Zellen staunen stille,
jeder Herzschlag in mir drin,
schlägt den Takt des Stückes Liebe,
klinget wieder,
kennt es nun des Lebens Sinn.

Alle Zellen sind im Taumel,
woll'n bewahren und behüten
Fülle ungeahnten Glückes.
Fühle Demut.
Verneig' mich vor des Lebens Güte.

Fluss des Lebens

Nachts spazieren gegangen,
durch den Fluss des Lebens gewatet.
Nasse Füße
und Fragen, die im Wasser liegen.

Wandern in der Dunkelheit
durch den Fluss des Lebens.
Gelaufen.
Gestolpert.
Gefallen.

Die Knie zerkratzt vom Sturz,
im Fluss des Lebens sitzend.

Fast wäre sie unbemerkt vorbeigeschwommen
mit der Strömung!

Die Weisheit.
Die Wahrheit.
Im Fluss des Lebens,

wo alles strömt.

Einfach so.

Ob du dich wehrst,

oder annehmen kannst.

Das Sein zieht als Wolke vorbei

Das Sein zieht als Wolke vorbei, weiß und rein,
erzählt dem Geist die Botschaft der Zeit.
Und die Freiheit, missverstanden und klein,
hält sich in der Wildnis des Herzens bereit.

Das Gestern möchte noch Macht ausüben.
ein Lied aus Schuld in die Gegenwart tragen.
Das Heute versucht Gutes auszusieben,
sich kindlich und neu hinaus wagen.

Und du atmest die Zeit und die Zeit atmet dich,
im Tal der Zukunft wohnen Schatten aus Leben.
Die Welt dehnt sich aus und sie zieht sich zusammen,
um der Seele Geduld für die Rast zu mitzugeben.

Lausche dem Flüstern deiner Seele

Lausche dem Flüstern deiner Seele,
die die Wahrheit kennt.
Sie weiß, dass Du alles in dir trägst,
was sich nicht perfekt, doch vollkommen nennt.
Öffne dein Herz und lass es dich
In Hingabe und Zärtlichkeit berühren.
Es wird dich sanft zu den Grenzen,
die du dir selbst auferlegst, führen.
Träume in Farbe und begeistere dich
für die Alltäglichen Dinge, die Kleinen.
Und erkenne: du selbst bist das WUNDERbare Licht -
lass dich in die Welt hinaus scheinen.

Und mein Herz pulsiert zu deiner Seele hin

Von der gleichen Sonne zwei helle Strahlen,
Viele Wege – auf welche sich gemeinsam begeben?
Wenn innere Stärke die Schwächen tragen,
die Schatten es schaffen, Netze zum Licht zu weben.

Nicht fassbar, ätherisch, was raumlos geschieht,
Deiner Arme kraftvoller Halt, den ich fühlen kann.
Die sanfte Stärke, die mich schon im Schlaf geborgen hielt
und ich frage mich, ob denn irgendwann

Traum und Sein sich vereinen jenseits von Zeit.
Kann ich Dir gleichzeitig Kraft und Ruhe sein?
Im Zellzwischenraum von Gegenwart und Ewigkeit,
und Dein Glück und Dein Schmerz werden Beide auch mein.

Kopf, Denken und Wissen verlieren an Macht,
die Vergangenheit zerbricht, scherbenfrei und mit Sinn.
In Licht und Tag mündet auch die dunkelste Nacht.
Und mein Herz, es pulsiert zu Deiner Seele hin.......

Die Frau des friedvollen Kriegers

Die Frau des friedvollen Kriegers ist seines Herzens Zuhaus,
gibt ihm stillen Halt, stolz, doch ohne hochmütig zu sein.
Nimmt ihm aus dem Kriegsgepäck falsche Erwartungen heraus
und lehrt ihn gegenwärtig und er selbst zu sein.

Die Frau des Kriegers lässt ihn Zweifel überwinden,
schaut zu ihm hinauf, ohne sich selbst klein zu machen.
Sie empfängt ihn gebend, ohne ihn an sich zu binden,
lässt ihn melancholisch sein und bringt ihn zum Lachen.

Sie zeigt ihm sanft seine Schatten und führt ihn so ins Licht,
durch sie sieht er, dass alles ein besonderer Zauber ist,
denn gewöhnliche Momente, die gibt es für sie nicht,
und für seine Männlichkeit kennt sie weder Grenze noch Frist.

Und wenn die Zeit still steht, wenn Beide sich vereinen,
die Nacht ein Netz aus Lust und Leidenschaft webt,
dann ermutigt sie ihn, Herz und Sanftmut zu zeigen,
und dass im Krieger eine zärtliche Seele lebt.

Im Tanz der Liebe gemeinsam schwingend nimmt sie ihn auf in sich,
aus Zwei werden Eins, kosmisches Ganzes aus Frau und Mann.
Sie erfüllt seine Sehnsucht und schenkt ihm die weise Sicht,
dass der Gegner auch die Reflektion seines Selbst sein kann.

Durch sie fühlt sich der Krieger als friedvoller Kämpfer,
auf dem Felde bestärkt, auch wenn er sie dort vermisst.
Zehrend von ihrer Liebe und glücklich erkennt er,
dass er für sie Beschützer, bester Freund und Geliebter ist.

Lass uns das Leben tanzen

Lass uns Regenbogen flechten
und Tautropfen atmen.
Sonnenstrahlen fangen,
Uns in die Wolken fallen lassen
Treibholz im Strom des Lebens sein,
Herzenstüren weit öffnen.
Zeitloses Staunen bewahren
und uns ans Leben verschwenden.
Wunder zu uns einladen
und im Tanz des Lebens
dem Sein begegnen.

Dich lieben

Dich lieben ist dich wirklich sehen
so wie Du bist, tief in dir drin.
Und fühlen, ich kann dich verstehen,
erkennen deines Herzens Sinn.

Dich lieben ist ein tiefes Wissen
von Gesetzen- sie sind nicht geschrieben.
Sie brauchen keine klugen Texte,
sie werden gültig durch das Lieben.

Dich lieben ist ein klares Fühlen,
von Energie, durch die mein Herz erbebt,
und die die Schwingung meines Lebens
in Stärke und Frequenz erhöht.

Dich lieben ist zeitloses Sein,
zwei Seelen, die im Gleichklang sind,
ein Glockenton der Melodie Unendlichkeit,
der leise über unser Leben schwingt.

Dich lieben ist auch gesehen werden,
mit deinem liebevollen Blick,
der stets nach vorne ausgerichtet ist
und niemals wendet sich zurück.

Dich lieben ist gefühlt zu werden,
von dir mit Körper, Seele, Geist.
Und staunend gegenwärtig sein,
im Augenblick, der Freude heißt.

Dich lieben heißt die Angst verlieren,
vor Vergänglichkeit und Zeit,
in unseren Herzen steht alles geschrieben,
egal was kommt- der Inhalt bleibt.

Du bist elementar für mich.............

Du bist meine Wurzel, hältst mich am Boden,
mein Halt, meine Stärke, möge die Erde auch beben.
Du bist mir die Luft zum Atmen, die Leichtigkeit
lässt mich den Himmel fühlen und nach oben schweben
Du bist das Feuer, das mir Herz und Schoß eröffnet,
und in mir eine weibliche Kraft entfacht.
Du bist das Wasser und meine Strömung,
hast mich in den Fluss der Liebe gebracht.

Manchmal

Manchmal,

wenn wir Beide uns begegnen,

sind unsere Seelen nicht zu Hause.

Und so sitzen sich zwei Egos gegenüber,

ratlos die Resonanz missend.

Manchmal,

wenn unsere Seelen sich begegnen,

schauen sie auf uns herab.

Mitfühlend betrachten sie die beiden Körper,

hoffend,

dass wir die Lehre verstehen und die Illusion enttarnen.

Wanderer

Wir sind doch alle Wanderer nur,
unterwegs auf den Pfaden durchs Leben,
gezogen von einer unsichtbaren Weltennabelschnur,
einer ängstlich und verzagt, ein andrer wild und verwegen.

Gehst du bewusst und in Achtsamkeit,
vergisst das Werden und Vergehen nie,
bist du für Alles, was der Weg dir bringt, bereit,
werden die Töne des Lebens zu deiner Melodie.

Wir sind doch alle Gäste hier,
mit Geist und Seele im Körperkleid,
und die Illusion aus Raum und Zeit
mündet am Ende des Weges in die Ewigkeit.

Alles ist zu jeder Zeit

In Schnee und Eis, in Winterzeit,
halt deine Seele stets bereit,
zu knospen und zu blühen.

Was in dir ist in allen Tagen,
magst du verborgen in dir tragen,
sei achtsam, um es zu fühlen.

In Kälte, Kahlheit, öd und karg
-nach außen es so scheinen mag-
ist alles schon enthalten.

Des Frühlings und des Sommers Blühen,
des Herbstes Bunt, der Tannen Grün,
es braucht sich nur entfalten.

Denn alles ist zu jeder Zeit,
dies Wissen hält die Natur bereit,
sei dir bewusst der Fülle.

In Trauer ist Freude, in Glück ist Leid,

im Sommer ist Winter, im Endlos ist Zeit.

Das Innen ist auch die Hülle.

Es ist

Emotional trunken
Berauscht vom Kribbeln
Wie es sein könnte

Rein in Gedanken
Frei und ohne Bewertung
Wie es sein könnte

Klar in Taten
Geträumt noch und doch da
Wie es sein könnte

Das Tao suchend
Im Loslassen finden
Wie es sein könnte
Den Zen-Weg beschreitend
Und nicht mehr denken
Wie es sein könnte

Dann ist es richtig

So wie es ist

Ohne gestern und morgen - es ist

Träume

Komm,
wir fliegen mit unseren Herzen
durch die Wolken
zum Regenbogen.
Und betrachten die Menschen
auf der Erde.
Die ohne Träume.
Bedauernswert.

Komm,
wir fliegen durch die Wolken
nach Hause.
Wir nehmen ein Stück Regenbogen mit
und verteilen es auf dem Marktplatz.
Es lehrt das Träumen.
Lebenswert!

Der Schatten

Du glaubest, du gestaltest dein Leben, doch das Leben gestaltet dich.
Du denkst, so gut zu sein, doch Schatten wirft auch dein eigenes Licht.
Du meinst eine gute Meinung zu haben, doch was ist gut und was ist schlecht?
Was den einen entmutigt und erniedrigt, ist dem anderen billig und recht.
Du streitest mit dem Leben und den Problemen, die du hast,
dabei ist dein Leben einfach die Geschichte, die du dir vom Leben machst.
Dein Weg soll das Ziel sein, Schritt für Schritt,
doch wenn der Weg zu steinig ist, dann haderst du damit.
Du findest, du bist der Umstände Opfer und andere tragen Schuld,
du erwartest in Gier und Eile von den Anderen Geduld.
Du bist sicher, es ist richtig, deine Mitmenschen zu belehren,
sie von deiner Meinung und ihrem eigenen Fehldenken zu bekehren.
Weißt du denn nicht, dass es keine Früchte trägt,
wenn man sein eigenes Spiegelbild zerschlägt?

Veränderung kann nur im Inneren geschehen und dein Leben gestal-
tet dich,
drum liebe den Weg, den du gehst und wehre dich nicht.
Der wahre Reichtum ist in dir und Wunder geschehen,
wenn die Menschen statt nach Außen nach Innen gehen.

Die Liebe

Die Liebe freut sich über den anderen
Liebe kennt keine Konkurrenz
Liebe ist Gewinnen und Verlieren fremd
Die Macht der Liebe ist keine ‚Macht'
Sie fordert nichts
Sondern sie lädt ein
Sie stärkt alles Göttliche
In dir - In mir - In uns
Das Göttliche auf Erden für den, der es fühlt
Die Liebe wächst ständig
Sie schenkt ein Zuhause
Ein Angekommensein
Eine Tiefe und Entschiedenheit
Meine Liebe ist eine Entscheidung
Für das Vertrauen in dich
Meine Liebe verlässt dich nicht
Sie sagt jeden Tag ja zu dir

Frühling

Das Zwitschern der Vögel kündet vom Frühling,
blaue Streifen hoch im Himmelszelt.
Das Lachen der Kinder in den Gassen,
die Wege noch mit Spuren des Winters.
Kühler Windhauch weicht den ersten Sonnenstrahlen,
die Wiesen beginnen, lebendig zu werden.
Frühling, lang ersehnt,
Sonne und Wärme, so vermisst.
Zeit des Aufbruchs und des Erwachens,
vom Himmel gefallen
über Nacht.

Das Licht und der Schatten

Schatten fensterlt an meinem Herzen,
hat schon die Sprossenleiter angelehnt,
dumpf höre ich die Tritte
aus ungeahnten Tiefen.

Seele hat's gehört,
lächelnd und würdevoll
sägt sie gelassen
die oberen Sprossen durch.

Die Beklemmung des Schattens,
herzabwärts fallend,
verhallt allmählich,
verschwindend in der Dunkelheit.

Seele und Herz verneigen sich.
Demütig, ernsthaft, umarmend
und hingebungsvoll
vor dem Schatten.
Nur so kann das Licht leuchten

und sein,

wahrhaftig sein.

Meine Ergänzung

Du bist meine Ergänzung, bist mein Komplement,
mein Puzzleteil, mein Gegenstück,
mich mit Dir an meiner Seite als Ganzes zu fühlen,
erfüllt mein Herz und meine Seele mit Glück.
Du bist die Erfüllung des innigsten Traumes,
der mich in den Nächten sehnend umhüllte,
mein Herz ist voller Dankbarkeit und Demut,
weil das Leben mir diesen Traum erfüllte.
Nun sind wir gemeinsam auf dem Pfad des Lebens,
unterwegs, Herz an Herz und Hand in Hand,
wir schauen gemeinsam der Sonne entgegen,
glücklich umarmend an des Lebensmeeres Strand.

Lass dir nicht einreden

Lass dir von deiner inneren Stimme nicht einreden,
deine Unzulänglichkeiten machten dich zu einem schlechten Menschen.
Verwechsele Perfektionismus nicht damit,
was im Leben richtig und gut ist.
Lass los und schwinge mit in der Dynamik des Seins,
ohne die das wahre Leben nicht möglich ist.
Kämpfe nicht gegen deine Schatten an,
sondern lade sie ein, um dich mit ihnen zu versöhnen.
Deine Geschichte ist die,
die du dir vom Leben erzählst.
Und deine größten Meister sind die,
mit denen du am meisten im Widerstand bist.
Deine Erfahrungen sind der Spiegel davon,
wie du mit dem Göttlichen interagierst.

Das Glück

Dort wohnt das Glück:
In kleinen Gesten,
in unscheinbaren Augenblicken,
im stillen Geschehen.

Dort wohnt das Glück:
Verborgen in einer Nische,
die Vorbeilaufenden betrachtend,
wundernd über deren Geschäftigkeit.

Dort wohnt das Glück:
Ist immer da für den der will,
der sein Herz öffnet
und seine Seele weit macht.

Dort wohnt das Glück:
Verbirgt sich vor dem Suchenden,
offenbart sich dem Findenden.
Glück kann nur sein,
ungesucht gefunden.

Morgenstunde

Tautropfen fallen aus den Bäumen,
schläfrig noch, vom Wind verweht.
Dennoch kraftvoll im Bewusstsein,
dass jeder Alles in sich trägt.

Sonnenstrahlen bahnen schimmernd,
sich den Weg aus dunkler Nacht.
Vollenden still des Lebens Rhythmus,
der die Ordnung kosmisch macht.

Dunst steigt wabernd aus dem See,
Erwachen in eine Ahnung gehüllt,
wie mit dem Sein und mit dem Leben
sich der leere Tag heut' füllt.

Meditation

Wenn Zulassen und Loslassen eins sind,
und die Leere hinter dem Sein
eine Offenbarung der Fülle in sich birgt.

Wenn die Zyklen des Lebens ihre Vergänglichkeit verlieren
und das Annehmen des Alltags
ohne Wertigkeit gelingt.

Wenn Grenzen sich auflösen in Unendlichkeit
und der Mut, das Leben zu feiern
seine Strahlen auf dich wirft.

Wenn du die Schmetterlinge lachen hörst
und das Sakrale finden kannst
im Tautropfen auf einem Blütenblatt in der Morgendämmerung.
Wenn die Gelassenheit einer eingerollten Katze
dich unbemerkt erobert
und durch den Tag trägt.

Dann kannst du kosten,

wie das Leben wirklich schmeckt.

Wenn du dich von ihm finden lässt.

Tanz des Lebens

Mit Leidenschaft und lebendigem Mut,
lass dich ein auf den Tanz des Lebens.
Rückschau kann lehren und Planen ist gut,
doch ohne Sein im Hier und Jetzt vergebens.

Es gilt, die Balance zwischen den Polen zu finden,
im Herzen zu sein, sich nicht zu verbiegen.
Das Loslassen mit dem Handeln verbinden,
mit den Füßen geerdet, mit dem Kopf hochgestiegen.

Verknüpfen, was sich bewegt und was ruht,
den ganzen Weg gehen, wenn die Stürme auch toben.
Ein Feuer endet ja nicht mit der Glut,
aus Asche wird dereinst ein fruchtbarer Boden.

Wenn Vertrautes stirbt

Wenn das Leben Erfahrungsgrund bereitet,
amorph dir aus den Händen gleitet.
Dann überlass es ihm, dass es dich lenkt
und du wirst mit ruhiger Kraft beschenkt.

Belohnt wird, der das Fühlen von Leid erlaubt,
weil er nicht an Katharsis durch Verdrängung glaubt.
Denn Besseres entsteht, wenn Vertrautes stirbt,
so wie irgendwann aus Harz ein Bernstein wird.

ich bin

ich bin die Liebende und die Liebe

ich bin die Mutter und das Kind

ich bin die Hörende und der Ton

ich bin die Sehende und das Objekt

ich bin die Glückliche und das Glück

ich bin die Kranke und die Krankheit

ich bin die Leidende und der Schmerz

ich bin die Verbundene und die Verbindung
ich bin die Glaubende und der Glaube

ich bin die Hoffende und die Hoffnung
ich bin die Gehende und der Weg

ich bin die Schwimmende und das Wasser
ich bin das Werden und das Vergehen

ich bin alles - und ich bin nichts

ich bin

Nach Hause gegangen

Nun bin ich

Die Luft des Windes
der durch die Blätter rauscht
Das Licht des Mondes
das die Nacht erhellt
Die Erde des Ackers
die neues Leben schenkt
Das Wasser in der Welle
des Ozeans
Die Flamme auf der Kerze
der Ewigkeit

Nun bin ich

Leben

Die Einöde falscher Erwartungen verlassen,
noch zögernd, verletzlich und doch offen und frei.
Den Spannungsbogen von Angst zur Neugierde
gespannt auf dem hölzernen Korpus der Gefühle.
Das Herz in seiner Kleinheit aufgedeckt,
Camouflage entfernt vom Schlachtfeld der Unsicherheit.
Tribut einfordernde Entdeckung des Lebens:
Jetzt!
Furchtlos wagen in Hingabe!
Lass mich nicht mehr von falsch Verstandenem verzehren,
will als Propagandistin des Lebens dieses verehren!
Konventionen und Fremdbestimmung sind überwunden
Mit lachender Seele und liebendem Herzen,

Leben, endlich gefunden!

Die Anatomie der Liebe

Ätherisch und flüchtig ist die Liebe nicht zu fassen,
sie lässt sich nicht suchen, du musst dich von ihr finden lassen.
Amorph und versteckt in den Zwischenräumen,
durchsickert sie dich am Tag und in den Träumen.
Nie hat man sie auf dem Seziertisch finden können,
und doch ist sie fühlbar, kannst in ihren Flammen brennen.
So klein - mit bloßem Auge niemals zu sehen,
in ihrer Größe aber auch nicht zu verstehen.
Ist wendig, nirgends und doch an jedem Ort,
wo Herzen sich öffnen, sie befindet sich dort.

Ganzheit

Ich möchte mit dir auf den Wellen segeln,
die das Meer des Lebens aufs Wasser zaubert.
Mich mit dir in die Strudel der Lüfte erheben,
die der Wind dem Laub schickt, auf das es erschaudert.

Mit dir möchte ich die Erde durchschreiten,
die uns den Boden unter den Füßen schenkt,
und an deiner Seite in loderndes Feuer schauen,
das die Flammen züngelnd gen Himmel lenkt.

Mit Dir erlebe ich das Leben als Ganzes,
alle Elemente ergeben die Welt,
ich fühle mich eins mit Körper, Geist und Seele,
geborgen im Orbit, der alles zusammenhält.

Ich fühle mich in dir, sehe den Spiegel,
Trennung ist Illusion, wir sind verbunden,
dank dir und deiner Liebe habe ich mich und dich
in der Ganzheit des Universums gefunden.

Niemand

Zusammen dürfen, nichts wollen,
Liebe muss nicht, Liebe kann.
Zusammen sein ohne sollen,
Eins und doch Zwei – Frau und Mann.
Niemand der mich so berührt wie du.

Zusammen lieben ohne Drängen,
gemeinsam und im Herzen frei.
Zusammen geben ohne Zwänge,
Zeit und Raum sind einerlei.
Niemand der mich so vollendet wie Du.

Neues

Wenn die Struktur von Raum und Zeit verloren geht,
amorph wird und nicht mehr zu greifen.
Wenn Neues durch die Zellen aufsteigt,
wie Moleküle, die zur Ganzheit reifen.

Wenn die Vergangenheit im Nebelschleier
des Jetzt aufsteigt und davonfliegt,
und die Angst ein sinnloser Schlüssel wird,
zu dem es plötzlich kein Schloss mehr gibt.

Dann singen Seele und Herz in Dur
und staunend sehe ich, wie in kleinen Scheiben,
die Zweifel lächelnd aus dem offenen Fenster
hinfort in den Himmel treiben.

Seeleneingetaucht

Seeleneingetaucht in des Glückes reiner Macht,
eine Gefühlsmelodie auf leisen Saiten klingt,
mein Herz schlägt mit einer sanften Klarheit,
die unserem vertrauten erfüllten Rausch entspringt.

Gegenwärtig in der Liebe als Wiege allen Zaubers,
gestatten wir den Träumen ihre unsichtbare Wirklichkeit.
Und füllen mit magischen Gaben unser Sein
Von der Sinnlosigkeit zur Sinnhaftigkeit.

Herzgetroffen aus den Strahlenspitzen der Liebessonne,
das Fühlen wächst hinaus über das Begreifen.
Und unsere von Wunder erfüllten Emotionen
dürfen an ihren Wirkungen reifen.

Polarität

Ehrlichkeit sich selbst gegenüber erfordert Mut,
aber möchtest du nicht auch ganz sein anstatt nur gut?
Die Seiten der Polarität betrachten und erfassen,
um Ego und Urteile lösen und loszulassen.
Die Schatten der Seele erfühlen und kennen,
den nicht guten Anteil mal ehrlich benennen.
Sich den Dämonen und Kämpfen des Inneren stellen,
damit das Licht der Erkenntnis kann das Dunkle erhellen.
Der wahre Schatz wird nur dann dein Fund,
tauchst du ***ganz*** hinunter zu der Seele Grund.

Lebenspuzzle

Auf dem Weg zur Einheit
schwimmen wir im Fluss des Lebens,
Zwei Ufer hat auch dieser Strom,
sie zeigen die Polarität des Irdischen.
Du kannst schwimmen,
du kannst rechts ufern – oder links.
Drei Entscheidungsmöglichkeiten
- Trinität!

Wenn plötzlich das Teil deines Lebenspuzzles sich einfügt,
auf dem Sinn steht.

In deinen Armen

In deinen Armen fühle ich mich geborgen,
hier vergesse ich Raum und Zeit.
Dort gibt es kein Gestern und kein Morgen,
in deinen Armen liegt der Moment bereit.

In deinen Armen finde ich Ruhe,
hier sind kein Stress und keine Hast.
Dort glätten sich des Alltags Wogen,
die du mich bei dir vergessen machst.

In deinen Armen wohnt die Leidenschaft,
dort lasse ich mich fallen und gebe ich mich ganz hin.
Hier liegt ein Zauberland von Lust und Begehren,
in dem ich mit dir auf gegenwärtig bin.

In deinen Armen liegt mein Glück,
hier fühle ich mich weiblich und ernst genommen.
In deinen Armen bin ich dankbar zu Hause –
Endlich bin ich angekommen!

Von der gleichen Sonne

Von der gleichen Sonne zwei helle Strahlen,
Viele Wege – auf welche sich gemeinsam begeben?
Wenn innere Stärke die Schwächen tragen,
die Schatten es schaffen, Netze zum Licht zu weben.

Nicht fassbar, ätherisch, was raumlos geschieht,
Deiner Arme kraftvoller Halt, den ich fühlen kann.
Die sanfte Stärke, die mich schon im Schlaf geborgen hielt
und ich frage mich, ob denn irgendwann

Traum und Sein sich vereinen jenseits von Zeit.
Kann ich Dir gleichzeitig Kraft und Ruhe sein?
Im Zellzwischenraum von Gegenwart und Ewigkeit,
und Dein Glück und Dein Schmerz werden Beide auch mein.

Kopf, Denken und Wissen verlieren an Macht,
die Vergangenheit zerbricht, scherbenfrei und mit Sinn.
In Licht und Tag mündet auch die dunkelste Nacht.
Und mein Herz, es pulsiert zu Deiner Seele hin…….

Herzgartengärtner

Herzgartengärtner
Der das Leben lebt

Erntet
das Licht der Sterne
Die Wärme der Sonne
Die Früchte der Erde
Den Windhauch der Götter
Das Wasser der Meere

Herzgartengärtner
Der das Leben liebt

Erntet
Das Licht des Herzens
Die Wärme der Leidenschaft
Die Früchte des Begehrens
Den Windhauch der Berührung
Das Wasser der Emotionen

Flieg....

Flieg du bunter Schmetterling,
die Freiheit ist des Himmels Lohn,
und jeder kleine Flügelschlag
fühlt den Seelenzauber schon.

Flieg du bunter Schmetterling,
den Sonnenstrahlen hoch entlang,
und jeder kleine Flügelschlag
ist auch des Herzens Schlages Klang.

Flieg du bunter Schmetterling,
die Sehnsucht zeigt dir ihren Weg,
und jeder kleine Flügelschlag
ist Sein, das sanft vor Liebe bebt.

Flieg du bunter Schmetterling,
auf den Wogen des Windes heran,
und jeder kleine Flügelschlag
malt deine Aura golden an.

Die Poesie der Stille

Die Stille ist zeitlose Poesie
Im Zellzwischenraum der Worte,
sie wie ein feinmaschiges Netz umgarnend.
Unsichtbar – doch allgegenwärtig.

Das Schweigen ist eine verklungene Melodie,
nicht an den Tönen festhaltend,
sondern auf das gerichtet, was sich dahinter verbirgt.
Unhörbar – doch voller Aussagekraft.

Die Ruhe beantwortete Fragen des Herzens,
gerufen vom Suchenden in den Wind,
der leise um den Lärm des Alltags weht.
Nicht greifbar – doch göttliches Sein.

Stille, Schweigen, Ruhe,

stillen der Seele Sehnsucht
und offenbaren Frieden.
Du brauchst die Unendlichkeit nicht zu suchen,
in der Stille ist es sie längst begegnet.

Annehmen

Getrennte Wege

nach einer langen Zeit

auf einem gemeinsamen Pfad.

Die Veränderung fühlen,

den Schmerz,

das Feuer im Herzen.

Nicht mehr brennend vor Verlangen und Sehnsucht,

sondern im Kummer des Vergänglichen.

Leben ist immer Veränderung,

Wege schlängeln sich durch das Lebensdickicht,

weichen ab,

mal rechts, mal links,

mal erwünscht, mal verflucht.

Das Auf und Ab des Lebens,

Freude und Kummer der Liebe,

Wechselbad der Gefühle.

Nimm es an,
es ist wie es ist.

Die Wahrheit ändert sich nicht
im Verleugnen.
Die Kunst des Lebens zeigt sich
in den dunklen Tagen:
Annehmen.

Alles ist zu jeder Zeit

In Schnee und Eis, in Winterzeit,
halt deine Seele stets bereit,
zu knospen und zu blühen.

Was in dir ist in allen Tagen,
magst du verborgen in dir tragen,
sei achtsam, um es zu fühlen.

In Kälte, Kahlheit, öd und karg
-nach außen es so scheinen mag-
ist alles schon enthalten.

Der Frühling, das Blühen,
des Sommers Bunt, des Herbstes Grün,
es braucht sich nur entfalten.

Denn alles ist zu jeder Zeit,
dies Wissen hält die Natur bereit,
sei dir bewusst der Fülle.

In Trauer ist Freude, in Glück ist Leid,

im Sommer ist Winter, im Endlos ist Zeit.

Das Innen ist auch die Hülle.

Freude

Gesucht, lange gesucht,
Irrwege des Lebens abgegrast,
Pläne geschmiedet,
in die Zukunft geschaut.

Efeu rankt im Innenleben,
zugewachsen die Klarheit,
eingehüllt in grüne Blätter,
mehr und mehr verdeckt.

Hinter die Türen des Herzens geschaut,
bang Verborgendes erwartend,
Räume in endloser Weite,
ohne Wegweiser.

Ein kleiner Lichtstrahl,
durchschimmernde Richtung,
Schritte einfordernd,
endlich wissend.

Gesucht, lange gesucht.
Der Suchende ist der Gesuchte,
der Suchende ist das Gesuchte.
Begreifend, es ist Alles jetzt.

Gefunden, endlich gefunden,
im Jetzt.

Die Freude!

Gefühle

Gefühle haben sich ein kleines Nest gebaut
in dem Wipfel der Silberbirke.
Ganz klein und hoch,
nahezu unentdeckt.

Gewoben aus unzähligen Ästchen
im perfekten Durcheinander,
ein rundes Geflecht,
ohne Anfang und Ende.

Bunter Seelengeschichtenvogel,
hüte das Nest
und lege deine Flügel schützend darüber.
Bewahre die Gefühle
vor dem Herausfallen.

Dann werden sie heranwachsen,
reifen,
und irgendwann,

bereit, losgelassen zu werden,

flügge sein.

Feuer

Kleines Feuer in der Seele gemacht,
Rauchzeichen zum großen Wagen.
Aus der Flamme,
bevor sie erlosch,
schnell noch ein Hölzchen entzündet.

Damit ein helles Feuer
im Herzen entfacht.
Das Fühlen daran erwärmt,
Sonne im Bauch.

Seelenfeuer,
Herzensfeuer.
Warm, weit, Zeichen bis zum Himmel
und zurück.

Schmeckt wie Liebe
Und geht nie aus.

Komm

Komm mein Herz lass uns die Ufer überschreiten,
die Normen und Grenzen hinter uns lassen.
Mit Dir möchte ich die Unvernunft pflegen
und Unfassbares mit dem Herzen fassen.

Komm mein Lieb lass uns gemeinsam erkennen,
die Vergangenheit hat uns nicht gemacht.
Wir können nur sein, was wir heute sind,
mit dem Sonnenaufgang endet jede Nacht.

Komm mein Freund lass uns über die Zukunft lachen,
sie ist nicht da, im Jetzt sind wir Zwei.
Es ist nur von Bedeutung, was wir beide wollen,
Wissen und Können ist uns einerlei.

Komm mein Lieb, lass uns in die Strömung springen,
die Wellen zu unserem Taktgeber machen.
Lass uns die Nacht bei Morpheus verbringen,
und den Tag verträumen und über Chronos lachen.

Komm mein Geliebter, lass uns in den Himmel fliegen,
voller Liebe und Lust wird die Atemluft sein.
Lass uns gemeinsam alle Ketten sprengen,
und wir dringen ganz tief in unsere Seelen ein.

Leben ist Sein

Flügel haben im zeitlosen Raum
Sphären durchbrechend
Aus dem Gefühl agieren
Der Intuition folgen
Problemen als Aufgaben
liebend begegnen
Leben als selbsterschaffen
annehmen und zulassen
Die Realität nicht überbewerten
Die Wirklichkeit einatmen
In die Sonne laufen
Mit Rückenwind
Leben ist Sein

Lebendig

Du bist noch lebendig,
solange du den Menschenherzentrommelwirbel fühlst,
und der Lufthauch des Schmetterlingenflügelschlages
auf deinen Armen Gänsehautkribbelfeeling zaubert.
Solange du geblendet vom Rapsblütenfeldgelb
und singend im Hagelschauerregensturm
mitmachen musst beim Kinderkicherlachencrescendo.
Solange du träumend im Sternschnuppenschneesturm badest
und dich vom Rosenblätterduftwolken betören lässt
und trunken taumelst von den Liebstenlippenküssenschauern.
Solange bist Du noch lebendig!

unsere liebe

…hebt grenzen auf, die unverrückbar schienen

…macht aus dem alltag das ganz besondere
…hebt den widerspruch von kindsein und reife auf
…wandelt körperlichkeit in sinnlichkeit um
…lässt uns ab und zu hinter den raum der stille blicken
…stärkt lächelnd unser sein
…hebt unsere mentalen begrenzungen auf
…bringt uns zum lachen und ermutigt uns zum weinen
…löst die hülle des alltags von uns
…und legt unsere sanftheit und zerbrechlichkeit frei
… holt die ganzheit aus dem abstrakten in die wirklichkeit

unsere liebe

…überdauert

alle zeit

Traum und Wirklichkeit

Auf einer bunten Blumenwiese
im Sommerblütenmeer.
Da sitze ich
und ich genieße.
die Luft,
den Duft,
so sehr.

Die Wolken malen Bilder
ins Himmelblau hinein.
Ich schaue, bin
ganz still da
Sehr blau,
sehr lau
und rein.
Die Sonne kitzelt zärtlich,
wärmt strahlend meine Haut.
Die Zeit steht still,
unendlich.

Ein Windhauch,
und auch
kein Laut.

Von links kommt eine Elfe
und fliegt auf meine Hand.
Zum träumen sie
mir helfe,
zeigt mir
jetzt hier
das Band.

Das Band, das sie gebunden,
aus Traum und Wirklichkeit.
Ich habe sie
gefunden,
sie zeigt
und schweigt,
nur Wahrheit.
Denn wahr ist, was ist da:
Die Elfe, das Leben, der Traum.
So wahr und

auch so klar.

Sei Optimist,

und Realist.

Alles hat seinen Raum.

Stille

Der Stille begegnen
im Zwischenraum unausgesprochener Worte.
Vom Schweigen umhüllt wie
von einem wärmenden Mantel.

Das Klingen des längst vergangenen Tones
in aller Lebendigkeit wahrnehmen.
Fallenlassen in das sanfte
Ruhekissen des Leisen.

Und ganz allmählich eine Ahnung haben
vom eigenen göttlichen Anteil im großen Ganzen.

Sich in der Stille begegnen
ist Ankunft bei sich selbst.

Sich in der Stille begegnen
heißt Leben.
Der Stille begegnen
ist Sein.

Seelental

Seelental
Botschafter für Lehren des Lebens,
Wegweiser für Sinn und Ziel.
Der Weg führt über Annehmen und Loslassen,
er ist der Anfang
und das Ende
und das Ziel.

Seelental,
so unerwünscht
Bricht in die Seele
wie die Welle über den Damm.
Macht sich breit
und fließt in jeden Zwischenzellraum des Seins.
Ungefragt.
Seelental,
bringt Antworten mit,
die es zu finden gilt,
auf ungestellte Fragen.

Sich öffnen und sich finden lassen,
im Duft der Träume,
in den Farben der Seele,
im Lachen des Himmels.

Seelental,
Seelenregen mit reinigender Kraft,
Wegbereiter für die Sonne,
die auf ihren Einsatz wartet.
Ganz sicher,
wenn du daran glaubst.
Wenn du an dich glaubst
und an die Wahrhaftigkeit der Unendlichkeit.

Träume

Komm,
wir fliegen mit unseren Herzen
durch die Wolken
zum Regenbogen.
Und betrachten die Menschen auf der Erde.
Die ohne Träume.
Bedauernswert.

Komm,
wir fliegen durch die Wolken
nach Hause.
Wir nehmen ein Stück Regenbogen mit
und verteilen es auf dem Marktplatz.
Es lehrt das Träumen.
Lebenswert!

Wenn ich Deine Liebe greifen könnte

Und wenn ich Deine Liebe greifen könnte,
ganz behutsam würde ich sie in meine Hände nehmen,
sie umhüllen mit all meiner Achtsamkeit
und ihr einen Mantel aus Zärtlichkeit weben.

Und wenn ich Deine Liebe greifen könnte,
ganz behutsam würde ich sie streicheln,
mit einem Hauch von Berührung
und sie in ein Nest aus Sanftheit legen.

Und wenn ich Deine Liebe greifen könnte,
ganz behutsam würde ich ihr die Worte einflüstern,
die alle Weisheit der Welt enthalten
und sie auf einer Wolke von Ganzheit betten.

Und wenn ich Deine Liebe greifen könnte,
ganz behutsam würde ich ihr von uns erzählen,
von unserer gemeinsamen Erfahrung
wie aus zwei Liebenden eine Einheit wird.

Musik

Ein Lied, das unser Herz erfreut,
aus Tönen sanft und rein.
Die Melodie klingt durch den Raum,
lässt Zeit so endlos sein.

Die Arie, die klangvoll schallt,
lässt alles dich vergessen.
Sie trägt dich fort, löst alles auf,
mit nichts ist sie zu messen.

So sei deine Musik des Lebens,
die gegenwärtig ist.
So sei der Klang in deiner Seele,
alles enthaltend, was du bist.

wunder geschehen

wunder geschehen
aber du musst dein herz öffnen
himmel und erde
beides ist in dir
licht und schatten
gehören zusammen
solange du in der polarität lebst
kannst du zärtlich sein
und kannst du wütend sein
schaffe aus beidem ein gleichgewicht
und der lohn ist die gelassenheit
im raum des sein
in dem die zärtlichkeit
die wut überwindet

Verpasst

Wenn wir spazieren gehen
auf längst eingelaufenen Pfaden.
Und dabei vergessen,
wer wir wirklich sind.

Wenn wir einen Tag nach dem anderen
so leben wie alle Tage vorher.
Weil wir es
nicht anders kennen.

Wenn uns die Angst
vor Veränderung
versetzt in einen
Seelentiefschlaf .

Dann kommen wir vielleicht
ohne größere Blessuren
durch ein
aneckungsfreies Leben.

Aber dann sind wir
in einer Welt des Scheins,
statt in der Wahrheit und Fülle des Seins.

Zu spät

Hinter der Kulisse
von Seele und Geist,
nahm das Stück so
seinen Lauf.

Rollenspiele,
Wahrheit verblendend,
nahmst das Ende
du in Kauf.

Vorhang auf und
Vorhang zu,
ein Spiel des Lebens
mit den deinen.

Herzmuskelschwäche
auf der Bühne,
Dinge sind anders,
als sie scheinen.

Theaterstück Leben
in vielen Akten,
zum Schlussapplaus der
Vorhang hebt.

Noch eine Verbeugung,
noch einmal nach vorn.
Ein letztes Mal,
es ist zu spät.

sonnenaufgang

hab gelauscht in die nacht
sternenstill der mond wortlos
deine worte suchend im kissen
unter den daunenfedern verloren

hab geweint in der nacht
tränenreiche luft in den bäumen
deine küsse erwartend im wind
zerstreut in hoch und tief

hab gesucht in der nacht
wolkenlos der himmel
deine arme empfangend im dunkel
der atemlosen stille

hab dich gefunden im sonnenaufgang
weites herz warm im licht
deine liebe über mich schüttend
erwartet, gefunden, empfangen

Und du atmest die Zeit

Das Sein kam beinahe als Wolke abhanden,
erzählt dem Geist die Botschaft der Zeit
Und die Freiheit, klein und missverstanden
hält sich in der verlassenen Wildnis des Herzens bereit.

Und du atmest die Zeit und die Zeit atmet dich,
im Tal der Zukunft wohnen Schatten aus Leben.
Die Welt dehnt sich aus und sie zieht sich zusammen
um der Seele Geduld für die Rast zu mitzugeben.

Das Leben bietet jede Möglichkeit

Das Leben bietet jede Möglichkeit,
hält alle Optionen für Dich bereit.
Jeder hat eine eigene Wahl,
jeden Tag gibt es Kopf oder Zahl.

Was geschieht mag unerwartet sein,
die Entscheidung liegt bei dir allein.
Ob du es als Last oder Lehre sieht,
oder alles auf die anderen schiebst.

Willst du wirklich Opfer sein
oder dich und alle von Schuld befrein?
Du nur wählst, ob du lachst oder klagst,
bist freier als du glauben magst.

Brauchst keinen um Erlaubnis fragen,
musst nur die Konsequenzen tragen.
Schwierig ist, was bewertet bleibt
und glauben, dass Wissen Verstehen heißt.

Du bist für mich

Du bist für mich,
was ich in dir sehe.
In deinen Augen
erkenne ich mich.
Mein Leben ist die Geschichte,
die ich mir vom Leben erzähle.
Wir haben die Wahl, wie wir
unser Wahrnehmen interpretieren.
Und ob wir für jede Begegnung
und das Leben
dankbar sein wollen.
Denn alles ist immer richtig.
Entweder als Geschenk

- oder als Aufgabe.

Auf den Spuren der Liebe

Wäre ich ein Dichter,
könnte ich ein Gedicht schreiben,
doch Worte finde ich keine,
so viele und so reine,
in denen meine Gefühle hängen bleiben.

Wäre ich ein Maler,
könnte ich ein Bild kreieren,
doch Farben finde ich keine,
so viele und so reine,
die meine Gefühle transportieren.

Wäre ich ein Musiker,
könnte ich ein Lied erfinden,
doch Noten finde ich keine,
so viele und so reine,
die meine Gefühle an sich binden.

Wäre ich ein Künstler,
könnte ich mir ein Kunstwerk ausdenken.

Doch Materialien finde ich keine,
so viele und so reine,
die meine Gefühle wiederschenken.

Ich bin eine kleine Seele,
hab' das Gefühl tief in mir drin.
So hell die Himmelsterne stehn,
so rein und klar kann ich es sehn,
dass ich auf den Spuren der Liebe bin.

So vollständig ist die Liebe

Wie das klare Wasser der Gebirgsquelle,
das unerschöpflich herab rinnt.
So unerschöpflich ist die Liebe.

Wie der farbenfrohe Schmetterling,
der das Kleid der Raupe verlässt.
So bunt ist die Liebe.

Wie die leuchtende Sonne,
die hinter den Regenwolken wartet.
So strahlend ist die Liebe.

Wie Milch und Honig,
die im Land der Gefühle fließen.
So süß ist die Liebe.

Wie reife Früchte,
die immer in Reichweite hänge.
So gebend ist die Liebe.

Wie der Tautropfen,

der die ganze Welt in sich wieder spiegelt.

So vollständig ist die Liebe.

Die Liebe, das Leben, das Sein

Hat mich angestiftet
Wie ein Kind
Kichernd hinter den Händen
Den Witz verborgen

Hat mich verletzlich gemacht
Wie einen Schmetterling
Ängstlich seine zarten Flügel
Verbergend schützend

Hat mich rein gemacht
Wie das Licht
Strahlend der Sonnenstrahl
Blendende Reflektion

Macht alles mit mir
Die Liebe
Das Leben
Das Sein

Stiftet mich an

Macht mich verletzlich

Und so vollkommen,

so vollkommen wie nichts

Einfach so.

Ob du dich wehrst,

oder annehmen kannst.

Herzuntergangsstimmung

Nicht eingeladen hereingekommen,
als ungebetener Gast.
Herzuntergangsstimmung,
dunkel, schwer und kalt.

Hätte sich beinahe niedergelassen,
ein Kuckucksei im falschen Nest.
Seelenapokalypse
bedrückend und traurig.

Gerade noch erkannt,
als zum Leben gehörend.
Lebenszeitenrhythmus,
Schwankungen unterlegen.

Tief durchatmend
auf die nächste Welle gesprungen,
Mentalmülldeponie
verlassend.

Eingeladen hereingekommen,

ein lieber Gast.

Neuronenhöhenflug

hell, leicht und warm.

Kleiner Sternensammler

Kleiner Sternensammler
wieder unterwegs,
sammelt fleißig.
Große, kleine, helle, matte
Sterne.
Vom Himmel
und von der Erde.

Kleiner Sternensammler
sortiert in sein Regal.
Fundstück des Tages:
Winziger Stern,
so klein wie kein anderer.
Leuchtender Stern,
so hell wie kein Anderer.

Kleiner Sternensammler
schaut genau hin.
Sein Fundstückstern,
Aufschrift auf einer Sternenspitze:

Ich bin das Licht.

Ich bin die Liebe.

Winzig, manchmal unbemerkt,

doch so hell,

so hell wie kein anderer!

Wenn du glaubst

Wenn Du glaubst,
dich von der Liebe fragen lassen zu können,
ob du sie haben möchtest.
Dann ist sie nicht.

Und wenn du meinst,
dich vom Leben fragen lassen zu können,
was du bekommen darfst.
Dann ist es nicht.

Pflastersteinwege

Pflastersteine innen drin
Wege soweit die Seele reicht
Herz schaut genau hin
Und da
Zwischen den Steinen
Ganz klein
Grün
Und gelb
Die Blume Hoffnung

Pflastersteinwege
Augen, die nichts sehen
Ohren, die nichts hören
Mund, der nicht redet

Wege soweit die Seele reicht
Das Herz sieht
Es hört
Es redet
Die Blume Hoffnung

Öffnet Seele und Herz

Und öffnet dich

Wie ein Sonnenstrahl

Ich habe sie nicht eingeladen,
diese Liebe zu dir.
Sie hat mich durchleuchtet
wie ein Sonnenstrahl,
der sich seinen Weg bahnt.
Der alles durchdringt
und anstrahlt,
was vor ihm liegt.
Zum Greifen nah,
und doch so unbegreiflich.

Ich habe sie nicht eingeladen,
diese Liebe zu dir.
Sie ist mir zugefallen,
wie ein Stern,

der vom Himmel fällt.
Und sie ist mir so willkommen,
ein unerwarteter Segen,
der unsere Herzen erhellt.

Es ist wahr,

und doch kaum zu glauben.

Seelentautropfensammler

Fang die Tautropfen meiner Seele auf,
bewahre sie in deiner goldenen Herzschale,
lass sie schillernd glänzen im Sternenlicht.

Seelentautropfensammler,
leere die Schale
und nimm mich auf.
In dir.

Klimawandel

Der Klimawandel unserer Erde
intrinsisch bedingt
vom schlechten Klima untergehender Herzen.
Herzenskälte als Protagonist
der globalen Erwärmung.
Polkappen schmelzen,
trotz menschlicher Kälte.
Erneuerbare Energien,
neue Seelenenergie?
Katastrophenvorsorge,
Frühwarnsysteme und Managementpläne
sind Theorien,
wenn das Innen keine Wellenlänge mit dem Außen hat.
Und wenn ein Tsunami, die Überschwemmungen
als getrennt von uns betrachtet werden,
obwohl es Gleichgültigkeit ist,
die über die Ufer tritt.
Verantwortung bedarf der ganzheitlichen Betrachtung.
Wie innen – so außen.
Herzenswärme gegen Erderwärmung,

menschliche Energie als Grundressource,
Infrastruktur des Geistes
als Mobilisierungsprozess.
Naturereignisse,
Mikrokosmos im Makrokosmos.
Frieden untereinander
zieht eine friedliche Erde nach sich.
Wir sind Kinder von Mutter Erde.
wir sind die Erde.
Respekt und Demut
könnten heilsam sein.
Es ist noch nicht zu spät!

Staunen

Oh, wie die Liebe staunen macht!
Bei Dir wird Tag, wo vorher Nacht,
bei Dir ist Gold wo Eisen war,
bei Dir wird aus dem Trüben klar.

Oh wie die Liebe staunen lässt,
der Alltag wird zum Freudenfest,
durch Wolken nun die Sonne scheint,
Alles ist gut – sind wir vereint!

Herzensstarkregenschauer

Herzensstarkregenschauer
auf den Boden der Gefühle niederprasselnd,
unterer Ausschlag in der Frequenz des Lebens.

Reinigt, klärt und belebt,
schwingt sich auf,
zu neuer Höhe.

Dem Regen folgt Sonnenschein,
Phönix aus der Asche.
Schönwetterfront ganz tief drin,
den Raum der Seele erhellend.

Leben schwingt,
übe Freiwilligendienst in Hingabe.
So ist das Sein:
Ewig gleich – ewig neu!

Es ist

Emotional trunken
Berauscht vom Kribbeln
Wie es sein könnte

Rein in Gedanken
Frei und ohne Bewertung
Wie es sein könnte

Klar in Taten
Geträumt noch und doch da
Wie es sein könnte

Das Tao suchend
Im Loslassen finden
Wie es sein könnte
Den Zen-Weg beschreitend
Und nicht mehr denken
Wie es sein könnte

Dann ist es

So wie es richtig ist

Ohne gestern und morgen.

Du bist wie ein Haus

Du bist wie ein Haus mit festem Fundament,
nicht zu groß und nicht zu klein.
Und durch alle Fenster scheint
ein freundliches Licht herein.

Du bist wie ein Haus, die Wände sind bunt,
so bunt wie ein lachender Geist,
dein Dach gibt mir Schutz, hält Niederschlag aus,
über dem Raum, der Willkommen heißt.

Du bist wie ein Haus, das im Sommer kühlt,
und im Winter bei Kälte uns wärmt,
das auf einer friedlichen Lichtung steht,
vom flüsternden Wind umschwärmt.

Die Türen stets offen, der Tisch ist gedeckt,
die Kerzen brennen, so darf ich herein,
Du bist wie ein Haus, gibst mir das Gefühl,
zu Hause angekommen zu sein.

Du bist wie ein Haus, das mir Zuflucht schenkt,
bei dir geht die Freude ein und aus.
Du bist wie ein Haus, das mich im Alltag beschützt,
du bist wie ein Haus, *mein* Haus.

Deine Liebe

Deine Liebe umfängt mich
mit den Armen der Hingabe,
mit der Wärme der Sonne,
mit der Zärtlichkeit des Seins.

Deine Liebe trägt mich
durch den Tag und die Nacht,
durch den Himmel und die Erde,
durch die endlose Zeit.

Deine Liebe erhebt mich
mein Herz in die Sonne,
meinen Geist in die Klarheit,
meinen Körper in das Loslassen.

Deine Liebe stärkt mich
für das Annehmen des Lebens,
für den Mut zur Wahrheit,
für den Weg vom Ego zum Selbst.

Deine Liebe ist im Gleichklang

mit meiner Liebe.

Im Spiegel deiner Augen

erkenne ich die Welt.

Anker

Wirf ihn aus,
den Anker unserer Liebe,
tief in das Meer meiner Seele.

Lass ihn sinken auf den Grund,
den Grund meines Herzens,
wo reine Stille gegenwärtig ist.

Hier findet unsere Liebe Raum,
ganz klein in sich und doch so weit,
um sie vor Vergänglichkeit zu bewahren.

Und wenn oben die Stürme toben,
wenn Sicherheit und Geborgenheit
im Nebel zu verschleiern drohen.

Dann hält er uns,
hab keine Furcht.
Dann wirf ihn aus,
den Anker unserer Liebe.

In deinen Amen

In deinen Armen fühle ich mich geborgen,
hier vergesse ich Raum und Zeit.
Dort gibt es kein Gestern und kein Morgen,
in deinen Armen liegt der Moment bereit.

In deinen Armen finde ich Ruhe,
hier sind kein Stress und keine Hast.
Dort glätten sich des Alltags Wogen,
die du mich bei dir vergessen machst.

In deinen Armen wohnt die Leidenschaft,
dort lasse ich mich fallen und gebe ich mich ganz hin.
Hier liegt ein Zauberland von Lust und Begehren,
in dem ich mit dir auf gegenwärtig bin.

In deinen Armen liegt mein Glück,
hier fühle ich mich weiblich und ernst genommen.
In deinen Armen bin ich dankbar zu Hause –
Endlich bin ich angekommen.